AF227076

A LA FRANCE

LE RÉVEIL, — LA RÉVOLUTION

ET

L'ARCHANGE SAINT MICHEL

Ecce nunc tempus acceptabile,
Ecce nunc dies salutis.

(S. PAUL.)

PARIS

VICTOR PALMÉ, LIBRAIRE-ÉDITEUR

25, RUE DE GRENELLE SAINT-GERMAIN, 25.

1876

PRÉFACE

Il existe, de nos jours, une foule de gens, dont le moindre souci est de chercher la vérité, de placer à son rang l'action providentielle qui domine le monde, et dont le patriotisme, si pompeux qu'il soit, s'accommode de tous les événements.

Ils aiment la France en philosophes, en devins présomptueux, et plutôt que de se réjouir de la réaction chrétienne qui la relève de ses défaillances, et lui prépare un avenir, ils affirment, avec une impertubable assurance, que la France peut disparaître, comme ont disparu les empires d'Alexandre et d'Auguste, et comme, dans les temps modernes, a disparu l'infortunée Pologne : peu s'en faut qu'ils ne prédisent les échéances de la destruction.

Un tel empirisme n'est pas seulement un outrage à Dieu ; il est la parodie de l'histoire, et la négation la plus effrontée de l'immortelle vocation de la France, vocation que l'esprit le plus subtile ne saurait attribuer ni à la Perse antique, ni à la Rome païenne, ni même à la catholique Pologne.

Depuis un siècle la révolution nous déchire, et malgré ses efforts désespérés, son génie destructeur n'est point parvenu à tarir cette séve religieuse et catholique, qui n'avait cessé d'être le principe de notre élévation, la source de toutes nos grandeurs. Elle seule nous a préservés d'une chute irrémédiable ; et quand elle circule plus active dans nos veines ulcérées, quand elle rappelle la chaleur dans toutes les parties de notre être, c'est que la régénération s'opère, et qu'une renaissance nouvelle nous sera accordée.

Il faut constater le réveil pour qu'il se généralise et s'étende, par le fait d'une émulation ardente et généreuse.

Il faut montrer l'ennemi dans sa puissance, comme dans sa corruption, dans ses ressources, dans ses moyens, dans son but, dans ses œuvres, comme dans ses opprobres et dans sa stérilité finale.

Il faut faire apparaître, au milieu de tant de vicissitudes, la justice et la clémence du Seigneur, découvrir les grâces qu'il répand, les bénédictions qu'il promet.

Il faut parler du Sacré-Cœur, attendri par la sincérité des repentirs et par les élans de nos invocations ; de la Croix, qui nous convie à la paix dans la fraternité chrétienne ; de l'archange saint Michel, qui poursuit sur la terre la révolution tombée du ciel avec les anges de ténèbres, qui pendant huit siècles combattit à nos côtés, toujours associé à la fortune de la France, toujours fidèle à son étendard, parfois visible aux premiers rangs de ses bataillons, puis brusquement séparé d'elle par un retour offensif de la puissance diabolique.

Il faut saluer enfin le retour à la tradition chrétienne, au pèlerinage du mont Saint-Michel, après une période où les douleurs ne s'expliquent que par les délaissements, l'épreuve que par la loi nécessaire de l'expiation ; il faut acclamer le vénéré Pie IX, le pasteur infaillible, et faire de la couronne que, par nos mains, il décerne à l'archange invincible, un gage d'espérance et de victoire.

Que la Providence nous permette d'implorer à genoux et dans la plus profonde humilité, cette bénédiction qui seule peut sanctifier l'œuvre de sa créature, lui valoir quelque mérite devant les cieux, quelque crédit sur l'esprit des hommes ! !

A LA FRANCE

LE RÉVEIL, — LA RÉVOLUTION

ET

L'ARCHANGE SAINT MICHEL

Pendant que la France subissait l'impitoyable épreuve d'une guerre sans merci, pendant que s'effondraient une à une les décevantes illusions entretenues par un régime qui avait empoisonné la fibre nationale, il y avait des âmes qui priaient et qui s'immolaient; un souffle de grâces avait passé sur elles, et elles pressentaient que si des sacrifices de sang ne pouvaient, à l'heure présente, conjurer l'abaissement et la ruine, il viendrait un jour où l'alliance de la prière et de la pénitence accomplirait le prodige vainement espéré de nos armes émoussées. Tout cela se passait dans un mystérieux silence et Dieu écoutait, sans se lasser encore de frapper et de punir. Nul ne saurait définir le phénomène étrange qui s'opéra alors au fond des cœurs qui savaient aimer autre chose que l'or et la pourpre, et que la contagion avait respectés; qu'il nous suffise de savoir que les désastres de la patrie apparurent à des âmes d'élite comme les signes d'une justice terrible et miséricordieuse à la fois, et qu'ils préparèrent la levée d'une milice chrétienne, milice d'apôtres et de héros, qui devaient relever la France mutilée, lui révéler l'expiation, lui parler de la foi perdue et l'obliger du moins à être, au milieu de l'égarement universel, la meilleure et la plus constante consolation de toutes les douleurs de l'Eglise. Le jour où elle avait déserté son poste et failli à sa mission, son territoire avait été envahi, et l'armée, qui avait cessé de protéger le Vatican, n'était-elle pas celle-là même, qu'une retraite précipitée avait rejetée sur Paris, sur Paris qui devait à son tour courber son front impie et capituler sans grandeur?

En attendant un retour de fortune, rien ne pouvait mieux qu'une religieuse fidélité honorer cette patrie parjure ; rien ne pouvait non plus lui mériter plus sûrement la force de revendiquer son droit inamissible et ses prérogatives délaissées. Le soldat désarmé, qui reste à son rang et garde la consigne, est un noble vaincu que protége l'honneur et qu'attend la victoire.

L'histoire de revers si inouis se lie donc étroitement à celle d'un réveil chrétien ; et quand la guerre civile, plus terrible que la guerre étrangère, eut achevé de démontrer, à la sinistre clarté du pétrole, à l'école du meurtre et par un nouveau massacre des innocents, tout ce qu'il y avait de perversité et d'égarement dans les masses ignorantes et corrompues, les soldats du Christ se montrèrent. Ils étaient encore peu nombreux, mais ils avaient déjà pour eux la résolution et le courage : ils ne venaient pas maudire ; ils venaient arborer sur des ruines l'étendard de vérité ; ils venaient enseigner des pauvres, apaiser les passions, parler de rédemption et de salut : la charité seule faisait leur cortége ; leurs armes étaient simples, sublimes par leur origine, puissantes par leur attache divine : c'était le *Sacré-Cœur* et la *Croix*.

I

Le Sacré-Cœur.

Le Sacré-Cœur reparaissait ainsi, après un silence de deux siècles, comme un trésor perdu et retrouvé, comme une nécessité proclamée par des voix secrètes, comme la dévotion salutaire à laquelle la France emprunterait la force de sa régénération. Pour la première fois aussi on se ressouvenait que le Christ, se révélant à la bienheureuse Marguerite-Marie, lui avait montré son cœur ouvert, déchiré, saignant, comme la source de toutes grâces et de toutes miséricordes. On sentait que le mépris et l'ingratitude avaient un pardon à mériter, et que l'amour ne demandait qu'à se répandre, à tenir les promesses qu'un pouvoir orgueilleux avait dédaignées et qu'une grande âme se tenait prête à invoquer. Alors encore il revenait à la mémoire des plus oublieux de nos tristesses nationales que Louis XVI, au Temple, détestant ses faiblesses, avait juré de les expier par la consécration publique de la France au cœur sacré de Jésus crucifié. — L'échafaud avait étouffé son serment; il s'agissait de le reprendre, et en effet il avait été repris par quelques âmes héroïques. — Sans cesse en prière, pendant que la cité coupable s'étonnait des horreurs du siége, elles s'étaient offertes pour être le prix de la délivrance, et, renouvelant le serment du roi martyr, elles avaient promis au Seigneur un autel d'expiation, un temple votif, au frontispice duquel la France écrirait : *Sacratissimo Jesu cordi Gallia pœnitens et devota*, au très-sacré cœur de Jésus le repentir et l'amour de la France.

L'avenir de cette grande pensée n'est plus à discuter : vulgarisée par la subite renaissance du pèlerinage de Paray-le-Monial, reprise par l'Eglise elle-même, elle a grandi sous les plus augustes bénédictions; puis elle a fait son chemin à travers les mondes, portée d'un pôle à l'autre, de l'orient au couchant, par la parole retentissante du pape infaillible. Le 16 juin dernier, date à jamais ineffaçable, l'univers catholique s'est prosterné et a prononcé les paroles solennelles de sa consécration au cœur divin que Marguerite-Marie avait connu et glorifié, qui avait reçu le serment de Louis XVI, et qui attendait, dans la gloire des cieux, les soupirs et les espérances de l'humanité. Au même jour, au sommet des Buttes-Montmartre, on a vu une foule émue, et le cardinal-archevêque de Paris accomplir ensemble les premières promesses de la foi jurée : sur la place du crime purifiée de ses souillures a été posée et bénie la pierre angulaire du Temple, et maintenant il ne reste plus à la France qu'à reprendre la parole sous les voûtes du sanctuaire et à consommer, à la face du ciel et de la terre, le dernier acte de l'oblation.

Nous avons tous salué l'aurore de l'empire du Sacré-Cœur : il règne désormais sur nos âmes ; il doit aussi gouverner le monde, mais son triomphe ne sera complet que quand nous l'aurons mérité par plus de sacrifices et plus de souffrances : les miséricordes du Christ éternel sont le juste prix de la persévérance humaine.

II

La Croix.

Le saint amour, en reprenant possession des âmes, ne pouvait manquer d'y jeter de vives ardeurs et par-dessus tout celles de la charité : le châtiment et la souffrance avaient provoqué le rayonnement de la lumière ; les cœurs glacés s'étaient réchauffés, la foi les animait, ils palpitaient impatients de la confesser publiquement. Tout à coup le voile que l'on avait jeté depuis longtemps sur les plus profonds abîmes, vint à se déchirer, et les plus sanglants opprobres eurent le triste honneur de compléter la révélation ; le doute n'était plus permis, la foi renaissait au milieu d'un peuple dépravé par l'ignorance et par l'exaltation des passions sauvages ; elle renaissait donc pour le convertir.

Pourquoi, en effet, ce peuple en délire avait-il déclaré à Dieu une guerre sacrilége ? Pourquoi, sous les regards triomphants des Germains, qu'il n'avait pas su vaincre, avait-il osé prétendre qu'il aurait meilleur marché de la Providence, qu'il saurait bien détruire ses œuvres, anéantir le sacerdoce, et sur un amas de ruines édifier un gouvernement sans Dieu, où la famille serait sans droits, la propriété sans lois? L'entreprise avait échoué, mais l'enseignement restait, et il fallait se demander pourquoi tant de forfaits étaient venus s'ajouter au deuil de la patrie? C'est qu'une corruption habile, insinuante, avait profité des épanouissements malsains de la richesse et de toutes les tentations de la fortune pour dégrader les âmes, racourcir les horizons de la pensée, et remplir le cœur de criminels amours. C'est que les adeptes d'une science nouvelle, aussi vaine qu'insolente, avaient contredit le dogme de la création, détruit jusqu'à la notion de l'immortalité, déifié les appétits et fait de la jouissance le dernier mot de l'existence humaine. A ces créatures rachetées, comme nous, par le sang du Christ, il fallait montrer le calvaire, le calvaire d'où Jésus mourant donna à l'humanité entière le baiser de la réconciliation et de la paix, aux pieds duquel le double mystère de la rédemption et de l'adoption réunit tous les hommes dans la fraternité chrétienne, dans la paternité divine, dans un droit égal à l'éternelle justice.

Ce fut donc l'heure choisie et déjà bénie, où des hommes, que nous appellerons des héros, saisirent la croix d'une main vaillante et vinrent la planter fièrement au foyer même de la haine et des blasphèmes. Ne vous plaignez pas, dirent-ils, vous qui souffrez, vous qui avez faim et soif, parce que le royaume de Dieu est à vous et que la résignation dans la souffrance a des promesses augustes de consolation. En attendant, puisez dans les trésors de notre charité; elle aussi aura des paroles de consolation et ne vous refusera rien de ce que vous demanderez au nom de Dieu; gardez cette croix, comme le signe de la nouvelle alliance, et rappelez-vous que, dans un jour de bataille où des troupes païennes étaient menacées d'une déroute, le Seigneur, montrant la croix à leur chef, prononça ces quatre mots prophétiques : *In hoc signo vinces*, c'est par ce signe que tu vaincras ; et le même jour donnait bientôt à Dieu des légions chrétiennes, aux armées les gloires du triomphe. La victoire, c'est le salut à tous, mérité par l'adoration, la soumission, le respect de la famille. La victoire, c'est la France unie, laborieuse, catholique, digne de ses vieilles gloires, réconcilliée avec son génie.

Désormais, grâce à ces sublimes dévouements, il est partout

des ouvriers qui se réunissent pour prier, qui se signent avec
foi ; ils ont retrouvé, avec le repos du dimanche et les joies du
foyer, toutes les espérances perdues, car ils savent que le travail est la grande sanctification de l'humanité, et que toute souffrance acceptée pour Dieu est un mérite pour l'éternité. Vous
qui passez devant ces asiles, avec un orgueilleux mépris, jetez
les yeux sur nos enseignes, et dites-nous ce que vous offrez de
meilleur à ces deshérités, que nous appelons nos frères et aux-
quels nous ne promettons qu'une chose, qu'une seule : le ciel.

III

Marie.

Il est de l'essence de tout mouvement catholique d'être universel, c'est-à-dire de relever à un niveau supérieur tout ce
qui touche à la religion et embrasse les rapports de la terre et
du ciel. Et dans ce fait, que l'histoire de l'Eglise pourrait confirmer, se trouve la preuve la plus éclatante du repos en Dieu de tout
sainteté qui a subi l'épreuve de la création ou de la vie, comme
du prestige dont la divinité se plaît à entourer ceux qu'elle
élève aux sommets de la gloire. Ainsi quand le pécheur converti
sait à la fois redoubler d'amour dans l'adoration et de vénération dans le culte des saints, la Providence accueille, avec une
égale miséricorde, les hommages directs de la créature et ceux
que lui transmettent les adorateurs de la cour céleste. Ainsi
surtout Marie, reine du Ciel, nécessairement associée à tous
les élans du repentir et de la prière, les porte, avec une mater-
nelle tendresse, jusqu'au cœur ouvert de Jésus crucifié pour
l'amour de l'humanité.

Or, à travers les angoisses de l'invasion, de quelles douleurs,
de quelles mortelles tristesses Marie n'avait-elle pas été la con-
fidente ? que de serments déposés à ses pieds, que de vœux of-
ferts, que de couronnes promises pour prix de sa puissante in-
tercession ! Cependant les flots de la dévastation montaient toujours et menaçaient d'envahir de nouvelles contrées. Un jour,

au plus fort de la détresse, Dieu résolut de laisser tomber sur la France un regard de pitié, avec une parole de miséricorde, et Marie en fut la messagère, en témoignage du crédit de ses supplications. Ne dédaignant pas la forme sensible, elle descendit du ciel dans un flot de lumière, puis ouvrant les yeux à quelques enfants, dont la pureté et l'innocence avaient fixé son choix, elle se révéla rayonnante de grâces et de beauté, les bras ouverts et le sourire aux lèvres : *Priez, mes enfants*, leur dit-elle, *mon fils se laisse toucher;* et pour que cette auguste consolation ne fût pas une parole fugitive et contestée, les nuages en gardèrent l'empreinte durant la mystérieuse apparition. Peu de temps après, les apaisements de la justice de Dieu se traduisaient par un armistice : la France allait subir les dures conditions du vainqueur, mais elle pourrait du moins entreprendre l'œuvre de sa réparation et de sa conversion, et acquitter la dette de sa reconnaissance.

Si l'histoire des cinq années qui nous séparent actuellement de l'apparition de Pontmain, n'offre, dans l'ordre politique, qu'une douloureuse intermittence de jours bons ou mauvais, d'espérances et de mécomptes, d'instincts généreux de grandeur et d'abaissements inouis, d'unions incohérentes, de luttes néfastes, de déchirements profonds et d'impuissance finale, il n'en est pas moins vrai que le catholicisme y occupe une grande place, et que seul il y a droit à une monographie harmonieuse, consolante, qui se détache du tableau d'ensemble en un pur et délicat relief, précieux camée au milieu de pierres frustes, ou mal taillées. Sans doute la victoire n'est pas décisive, mais chaque jour quelque bataille a été gagnée, quelque point pris à l'ennemi et courageusement occupé ; partout du moins, étouffant les cris de discorde et les clameurs des impies, a retenti ce vieux cri des Francs : *Regnum Galliæ, regnum Mariæ.*

Grâce à des élans irrésistibles, qui ont soulevé l'âme de la France, les triomphes de Marie ne se comptent plus : chacun de ses sanctuaires a retrouvé ses traditions et rajeuni sa renommée; tous ont vu des foules immenses, recueillies, qui, sans souci des distances, des fatigues de la route, venaient implorer la guérison de la France et solliciter un miracle national ; et alors une voix qui ne trompe pas a dit dans la captivité, mais dans la plénitude d'une sublime intuition : *Les pèlerinages la sauveront.*

Etrange manifestation de la mobilité humaine et de la puissance suprême qui domine nos agitations, le moment où les royautés de la terre retiennent péniblement leurs couronnes amoindries, où elles consentent à les rendre plutôt que de les sanctifier, a été l'heure providentiellement choisie pour glorifier par cent couronnes l'immortelle auréole attachée par Dieu même au front majestueux de la Reine des cieux. Les trônes tremblent, les souverainetés s'abîment, ou se déshonorent; Marie rayonne dans la gloire et son empire s'étend sur le monde.

Le grand nombre ne perçoit pas l'enseignement de ces éloquentes vicissitudes, car une clarté trop vive commence par éblouir l'œil qui dans les ténèbres s'est deshabitué de la lumière. Qu'importe, le doigt de Dieu est là; à travers les bourrasques de la tempête, il passe sur la France un souffle, qui vient du ciel, souffle embaumé de grâces et riche d'espérances : la foi l'a fait descendre : l'amour le retient, pour en faire la pure atmosphère de la régénération promise. L'heure n'est pas venue ; elle reste à Dieu, et le souffle passe encore avec le mystère qui l'enveloppe. Qu'il nous suffise de constater et de proclamer hautement qu'une ligue sainte est formée, et que Notre-Dame de Pontmain, comme Notre-Dame de la Délivrance et Notre-Dame de Lourdes gardent la France malgré elle, et la retiennent aux bords d'un abîme.

France de Clovis, de saint Louis et de Jeanne d'Arc, réveille-toi; brise les chaînes qui accablent tes membres meurtris ; sois chrétienne, comme aux jours de ta vocation. Le Sacré-Cœur est ouvert pour te recevoir dans sa miséricorde ; la croix se relève pour t'apprendre le prix de la souffrance et la voie de la rédemption, et Marie, toujours ta reine, t'attend aux pieds du Calvaire, avec le lis qu'elle t'a gardé.

I V

La justice de Dieu dans l'histoire des peuples.

Il serait peut-être d'un grand intérêt et d'un édifiant exemple de placer ici une notice distincte de toutes les œuvres catholiques, de retracer leurs programmes, de définir leur but, et d'extraire des procès-verbaux des congrès un résumé synthétique des entreprises de l'esprit chrétien. Mais nos forces ne nous trahiraient-elles pas, et ne serions-nous pas inférieur à une tâche qui, en exigeant toutes les délicatesses du cœur, appelle sur elle, avec la chaleur apostolique, tous les rayonnements de la plus haute intelligence ? Déjà n'avons-nous pas trop osé, en nous efforçant de découvrir et de mettre en lumière les sources vives où le catholicisme va puiser ses forces d'expansion et le mystérieux secret de ses victoires ? — Etions-nous digne de révéler le Sacré-Cœur à ceux qui l'ignorent, de déposer un baiser sur la croix, une couronne sur le front de Marie ? La foi, qui rend les âmes ingénieuses, la charité féconde et le monde meilleur, a des hardiesses que Dieu pardonne, des témérités qu'il bénit : que sont après tout les prodiges qui s'opèrent, s'ils ne sont pas le triomphe de la plus audacieuse humilité ? Il ne s'est pas fait de miracles, et cependant est-ce à une puissance de la terre, est-ce à un pouvoir humain qu'il a été donné de s'emparer d'un sol mouvant, sans cesse remué par un génie infernal, pour y jeter les premières assises d'un édifice impérissable et totalement chrétien ? Quand douze pêcheurs, se levant au milieu du paganisme, entreprirent d'enseigner l'Evangile aux nations, ils ne comptaient que sur la puissance qui les envoyait. Quand, au milieu des ruines et des corruptions de notre siècle, ont apparu de nouveaux apôtres, décidés à relever la croix, ils n'avaient d'espérance que dans les souvenirs de Génésareth. L'histoire ne saurait tromper ceux qui l'interrogent avec une intelligence sincère et soumise et ne la prennent ni pour la victoire de la fatalité, ni pour une succession de faits reliés entre eux par de simples rapports chronologiques. L'histoire est la loi de Dieu écrite dans la vie des peuples, car leur grandeur ou leur décadence ne s'explique que par l'élévation, ou l'abaissement des âmes. Pour juger les temps, il faut les considérer d'en haut, projeter les regards en avant, et chercher la lumière aux horizons. Çà et là, comme pour contredire les immortelles vérités, çà et là apparaissent des fortunes rapides, des grandeurs d'emprunt, des prospérités inouïes, véritables épopées de l'usurpation et du crime; mais attendez, la page a un revers, et sans aller plus loin, vous y trouverez le déclin, le châtiment, la confusion poussés jusqu'à l'anéantissement : d'Austerlitz à Sainte-Hélène est-il devant Dieu plus d'une minute de l'éternité ?

Tout ce que les siècles ont produit de majestueux et de durable, s'est fortifié par l'épreuve, a passé par le creuset de la souffrance et de la persécution : plus que toute chose le christianisme l'atteste et le prouve; en devenant la suite et l'épanouissement de la tradition hébraïque, il a conquis le monde sur la volupté par une morale impitoyable dans ses sévérités ; le sang de ses martyrs et de ses confesseurs a submergé les trônes des bourreaux, et ceux-ci ont fini par l'embrasser, ou par tomber des sommets, d'où ils ne savaient que maudire. Partout des jours de gloire ont suivi de près ceux de ses douleurs, car il ne règne que par la croix, et quand la croix s'éloigne, il s'allanguit dans la corruption du monde.

La France est née du christianisme ; elle en a partagé les vicissitudes : c'est sur le paganisme autant que sur la barbarie qu'elle a conquis sa place à l'avant-garde de l'Europe. La fidélité à l'Église est la meilleure et la plus constante de ses gloires : c'est par la foi qu'elle a rayonné sur le monde et accompli sa mission, et quand on jette les yeux sur ses jours de grande renommée, qu'y trouve-t-on, si ce ne sont toutes les splendeurs du génie chrétien ? Nous les cherchons en vain dans ces périodes d'anarchie, qui ne se multiplient, hélas ! que pour nous faire déchoir davantage.

Qui songeait cependant à ces vérités, quand la France, ivre de prospérités, blasée par les jouissances, éprise des hardiesses du crédit, se livrait et s'abandonnait tout entière aux puissances de la révolution ? Qui se souciait alors de la miséricorde divine, préparant pour les jours de deuil le refuge de deux grands dogmes réparateurs? O sublime contradiction des présomptions humaines et de la toute-puissance des cieux ! Quand la France, convoquée dans ses comices, s'imagine avoir fondé une dynastie sur le roc plébiscitaire, la dynastie disparaît, emportée par six semaines de campagne et par les fureurs populaires : et en même temps le Saint Pontife que tout abandonne, excepté Dieu, que sa fille bien-aimée a trahi, que d'autres enfants ont dépouillé de son dernier lambeau, isolé de son dernier soldat, poursuit dans la captivité une inénarrable carrière, juge, bénit, condamne, excommunie, foudroie dans la plénitude du droit et de l'autorité souveraine ! Prodige plus merveilleux, seul des successeurs de Pierre, le faible Pie IX, le miraculé de Marie, a accompli et dépassé les jours qu'une tradition expresse, consacrée par la liturgie même, refusait à tous les vicaires de Jésus-Christ.

Plus les douleurs l'accablent, plus les années passent légères sur sa tête auguste : n'est-ce point encore là un des triomphes de la croix et de l'humilité la plus sanctifiée?

Il a donc fallu que la France eût son calvaire pour qu'elle entrevît l'abîme creusé par ses propres mains et dont la profondeur ne se mesurait plus. Tout présageait une catastrophe irrémédiable, et le schisme pouvait devenir son sépulcre, quand l'ange qui veillait sur elle la fit digne de la rédemption par l'adversité et la souffrance. Sedan fut pour Dieu la revanche de Castel-Fidardo, pour enseigner au monde que la justice et la patience sont inséparables de l'éternité, pour conjurer un dernier malheur et ouvrir les voies de la réparation.

Les dynasties disparaissent, les pouvoirs se succèdent aussi vains qu'impuissants, parce qu'ils s'efforcent de s'adapter aux erreurs dominantes ; ils surgissent dans l'orgueil ; ils s'abîment bientôt dans leurs propres faiblesses, et si la France, la plus belle œuvre des siècles, n'est pas emportée par le torrent, c'est qu'il y a dans son âme un reste de chaleur chrétienne, c'est que l'univers enrichi par les miracles de sa charité demande pitié pour elle, et que la Providence entretient et bénit au fond de sa conscience une étincelle de feu sacré.

Voilà ce qu'apprend l'histoire envisagée dans ses plus nobles perspectives et considérée comme le livre des justices du temps. Lorsqu'au dernier jour, les vivants et les ressuscités comparaîtront au tribunal de Dieu, les nations auront cessé d'être, et il n'y aura plus que deux grands peuples de damnés et d'élus. — Que faut-il de plus pour conclure que les temps sont réservés à la récompense ou à l'expiation des nations, comme de tout ce qui reste et meurt au seuil de l'éternité?

Il fallait dire ces choses, pour relever la confiance, ranimer les courages et remettre quelque ordre dans la confusion des idées, et le trouble des intelligences. La France a été châtiée parce qu'elle avait mérité l'épreuve; de l'épreuve a jailli un trait de feu et de lumière : il ne s'éteindra pas dans nos mains. Et maintenant, sans descendre dans les détails, sans soulever indiscrètement les voiles qui dérobent aux profanes les plus délicieuses merveilles de la piété et du sacrifice, nous allons jeter sur le passé un regard rapide, pour lui demander le grand moyen de la régénération nationale : aucune œuvre ne naît et ne vit que selon la règle d'une constitution providentielle qui est comme le berceau du monde et des peuples : aussi bien demeure-t-elle la voie de la réparation et du salut.

V

La vérité sur la constitution des sociétés chrétiennes.

Au lendemain de la création, le Seigneur avait dit à l'homme : *Væ soli* (il n'est pas bon que tu sois seul), et il lui avait donné une compagne pour être la mère du genre humain et demeurer à perpétuité la chair de sa chair, en même temps que l'âme de son âme. Ainsi la loi de la procréation devenait la loi d'association universelle qui allait être, d'âge en âge, le principe de toute existence morale, et à laquelle les peuples emprunteraient toutes les conditions d'un développement normal et régulier.

Rien n'a contredit le plan divin : la première forme de l'association s'est manifestée dans la famille, unie au père par un lien d'affection, mais acceptant en même temps sa loi et se pliant à son autorité. Plus tard elle a servi à l'organisation des tribus qui, sans cesser d'être errantes et nomades, cherchaient à se préserver de la destruction et à se constituer sur une solidarité d'intérêts. Enfin, quand par droit de conquête ou d'occupation, les tribus se furent donné une patrie, une association plus parfaite leur prêta les forces d'une large expansion, et en fit progressivement les nations qui se partagent la domination du monde.

L'association étudiée dans l'origine et la formation des sociétés se traduit donc en groupes disciplinés, obéissant à une autorité souveraine, où l'individu contribue, pour une part personnelle, à la protection et à la défense de l'intérêt général, où l'exemple et l'émulation dans le bien entretiennent les traditions conservatrices, où l'esprit de dévoûment et de sacrifice est incessamment sollicité par le sentiment d'une étroite solidarité.

Or, si à ces grandes ligues qui peuvent passer pour la structure élémentaire des sociétés humaines, on ajoute la sanction de la loi religieuse, appelant la créature à la possession méritée de l'éternité, et enfin l'adoption du Christ conviant l'humanité à la reconnaissance de sa filiation en Dieu et à la pratique d'une édifiante fraternité, on arrive à découvrir la constitution totale de la société chrétienne.

Comme un temple jeté tout d'une pièce sur de puissantes assises, n'en réclame pas moins l'appui de fortes colonnes, qui, sans nuire à l'unité harmonieuse de l'édifice, protégent contre la ruine son majestueux sanctuaire, de même toutes les associations étendues aux grandes multitudes, ou répandues sur de larges surfaces, appellent à leur aide des agrégations secondaires, dont le faisceau, comme la colonne d'une œuvre magistrale, doit les préserver de l'abaissement et sauvegarder leur unité même. C'est ainsi que l'Etat repose sur la province, la province sur la commune, l'Église sur le diocèse, le diocèse sur la paroisse, et qu'une foule d'associations inférieures tirées du principe originel concourent à la vie et à la prospérité des institutions capitales, où elles prennent place par rang. C'est ainsi que les hiérarchies respectées, reliées entre elles par des rapports de dépendance et de soumission, mais toutes aussi respectueuses des prérogatives et des droits de la souveraineté choisie ou imposée, entretiennent dans l'ordre et dans la paix toute existence morale, religieuse et civile. Quand une constitution n'a pas la prétention d'échapper à la loi providentielle et d'être une orgueil-

2

leuse innovation, elle ne tend pas à réaliser plus difficile programme et se contente de ces vieux errements.

La loi d'association est l'expression manifeste de la volonté souveraine qui a présidé à la création de toutes choses, et peut-être le reflet le plus parfait de la divinité même : si en effet son caractère est celui de l'universalité, son but est de tout ramener à un principe d'unité, et de placer tout ordre, qu'il soit terrestre ou moral, sous la protection d'une autorité incontestée.

Tout vit, se meut, grandit, prospère par la cohésion et l'harmonie de forces diverses et multiples ; tout se détruit et meurt par la séparation et la division de ces mêmes forces, ou par un acte de la volonté qui les avait unies.

Tout enfin n'est-il pas association, depuis le Dieu éternel, qui est à la fois puissance, intelligence et amour, dont l'unité s'affirme dans une mystérieuse trinité, depuis l'Eglise catholique qui groupe et retient, sous la loi commune de l'adoration, les vivants, les morts et les ressuscités, depuis les harmonies de l'univers, où se révèlent, dans le plus merveilleux tableau, l'abondance de la création, l'immensité des forces qui la dominent, et la puissance unique qui assure l'ordre parfait, jusqu'aux Etats qui cherchent la grandeur et la paix dans l'obéissance des citoyens, dans leur patriotique fidélité, jusqu'à l'homme qui ne vaut que par l'union de sa chair et de son âme, jusqu'à l'insecte qui ne vole que par les sublimes concordances de sa frêle organisation ? Aussi l'esprit infernal, quand il se déchaîne contre les œuvres de Dieu, s'attache-t-il à en isoler tous les éléments, à les prendre chacun à chacun, pour les corrompre, à détruire la loi de l'harmonie, à préparer la révolte : c'est le premier mode de la révolution. Puis, quand il a fait table rase et qu'il veut constituer aussi un empire, il reprend pour lui les bénéfices de l'association ; cette fois il menace le monde par l'union de forces impies et diaboliques, opposées à tout ce qui est ordre matériel, religieux et moral : c'est le second mode de la révolution ; et cette contradiction même est la preuve la plus éclatante de la nécessité de l'association, pour retenir dans le respect du bien, dans la règle du devoir tout ce qui est libre, pense et veut, comme pour maintenir dans l'ordre, dans la vie, dans le mouvement tout ce qui obéit aux grandes impulsions qui viennent de Dieu et de la création.

VI

La France et la Révolution.

Plus que toute autre nation, la France a dû sa grandeur et sa renommée à une persévérante application du principe de l'association. Politiquement elle y puisa la force de dominer les partis et d'expulser l'étranger ; car si l'étroit royaume de Clovis put successivement s'appuyer sur les Alpes, les Pyrénées et le Rhin, ce ne fut que par le fait de son intime union avec la dynastie de ses rois. L'histoire ne l'appelle que la famille de France, et nul ne lui refuse l'honneur d'avoir conquis l'amour de la patrie, par la constitution même de son indivisible unité. Religieusement, cette unité fut parfois en péril ; l'hérésie ne manqua pas de lui déclarer la guerre, d'exaspérer les passions, de provoquer de sanglantes discordes ; mais après tout la lutte servit au triomphe de la vérité, parce qu'elle prêta à la foi toutes les ardeurs et tous les dévoûments. Est-ce trop dire que le génie chrétien apparaît partout comme l'inspiration de ses entreprises les plus hardies ? La France est grande à son aurore, quand la victoire la fait chrétienne ; elle impose l'admiration, quand elle constitue avec désintéressement la dotation de l'Église de Dieu ; elle est belle dans la Renaissance, quand elle se couvre de merveilles et s'honore d'impérissables souvenirs ; elle est sublime, quand elle se lève au cri de : *Dieu le veut!* et accomplit toute en armes le pèlerinage des lieux saints, qu'elle va venger de l'outrage et reconquérir sur les infidèles. Que ne doit-elle pas encore aux congrégations qui ont défriché son sol, vivifié son intelligence et gravé son histoire sur la pierre et le parchemin ? On parle avec un insolent dédain, de ses corporations et de ses confréries, mais tandis que les saines atmosphères et le spectacle de la nature suffisaient à sanctifier les hommes des champs, déjà les passions fermentaient dans les cités, et il n'était pas indifférent que de religieuses associations entreprissent de contenir les travailleurs, en glorifiant les corps de métiers, en leur conférant des immunités civiles, en leur donnant de saints patrons.

Tout cela était encore debout et vivace, quand d'une période de gloire inconnue, il fallut tomber au plus bas de la décadence et de la dissolution. Rien, en effet, n'avait été refusé à la France, durant la monarchie de Louis XIV; jamais le souffle chrétien n'avait été plus prodigue, et la royauté séculaire, avant d'atteindre son déclin, avait, comme un astre couchant, embrasé l'horizon d'un brillant, mais dernier rayon. — Déjà, cependant, sous le faste de la cour se dissimulait à peine une profonde altération des mœurs; déjà aussi les monastères déshabitués de la règle et de la discipline donnaient le triste spectacle du scandale : ils avaient recruté trop de novices sans vocation et sans vertu, épris du monde et des richesses, pour ne pas avoir livré au déshonneur les asiles de la prière et de la méditation. Ainsi la société périclitant par ses sommets, rompait d'elle-même les vieilles chaînes de son agrégation, et tandis que les classes dirigeantes perdaient l'autorité de l'exemple et le droit de remontrance, le peuple détournait ses regards, se préparant à acclamer le tiers état révolté et à devenir l'instrument de ses haines.

Le règne de Louis XV porta la corruption à son comble, sans la racheter par aucune grandeur ; il fit bien plus encore pour la ruine de la France, en accueillant comme d'ingénieuses nouveautés les doctrines matérialistes et athées, dont l'apparition ouvrait l'ère philosophique de la révolution : de là à l'abîme il n'y avait plus qu'une étape à franchir. — L'esprit chrétien ne peut que s'incliner devant les redoutables vengeances de la justice divine, quand il repasse ces pages douloureuses de notre histoire, où l'on voit la fille aînée de l'Église passer avec enthousiasme de la dépravation à l'incrédulité, et de l'incrédulité à la fureur. C'est que, dans le bien comme dans le mal, se trouve une logique irrésistible, et que l'homme ne subit jamais l'ascendant d'une passion violente sans en vouloir l'assouvissement, sans lui sacrifier toutes les puissances de son être. Si la foi agit, la passion opère.

La révolution procéda avec une infernale méthode; elle poursuivait la dissolution d'une société édifiée sur une base autoritaire, où Dieu était adoré, la royauté respectée, où l'unité était défendue par le rempart des associations chrétiennes :

le succès ne pouvait être obtenu par une guerre de front, immédiate, acharnée ; comme prélude, on se contenta d'affaiblir, de désagréger, de miner avec persévérance, et, pour commencer, on se prit à nier Dieu, à outrager le sacerdoce, à encourager l'individualisme, à préconiser la jouissance et à montrer à l'horizon, comme un but suprême, la conquête de l'égalité et de la liberté. — Quand vint l'heure des revendications, on les formula avec des apparences de raison : nul doute, en effet, que la concentration excessive du pouvoir n'eût engendré de détestables abus, que les priviléges ne répugnassent aux mœurs nouvelles, comme à l'esprit de justice, et que le besoin de sérieuses réformes ne s'imposât au gouvernement. Les réformes furent acceptées, et des sacrifices généreusement consentis firent croire à la réconciliation de la nation. Louis XVI ne marchanda pas ; il espérait sauver la France à force de vertu et de dévoûment, et son âme de Bourbon songeait à peine à défendre la royauté contre les envahissements d'une révolution, qui affectait encore de vouloir être soumise et modérée. Bientôt, hélas! il devait apprendre que l'esprit du mal est insatiable, et que, les condescendances ont le triste sort d'éveiller tous les appétits, comme de déchaîner toutes les fureurs.

Après une halte hypocrite, la révolution reprit donc sa marche, décidée à régner sur des ruines et à ne pas laisser pierre sur pierre de l'édifice, dont une science subtile avait préparé l'effondrement : son irrésistible amour de l'humanité ne pouvait, disait-elle, se contenter d'un demi-succès : elle irait jusqu'au bout, dût-elle, comme Saturne, dévorer ses propres enfants. Quelles que soient nos douleurs, en remuant ces cendres fumantes encore, il faut bien dire et dénoncer les attentats ; n'est-ce pas apprendre de quel côté doit se porter l'effort de la réparation ?

Le Dieu qu'on avait nié, et qui reparaissait quand même, était l'ennemi — Le but était de l'isoler du monde abusé par le mystère de la création : qu'importait que la puissance humaine échouât devant les cieux ? la terre pouvait du moins être émancipée, rendue à elle-même, à ses instincts et cesser d'être esclave. — Concéder l'existence d'un Etre suprême retranché dans les sphères les plus lointaines, supprimer la Providence, lui substituer la raison, souveraine, infaillible, tel fut le plan destructeur de la doctrine, tandis qu'une rage sans mesure s'acharnait à démolir et à jeter au vent tout ce qui était, ou pouvait passer pour une affirmation de l'autorité catholique. On avait dit : plus de Dieu ; on ne tarda pas à dire : plus de rois ; l'abaissement, où l'on avait réduit la couronne, conduisait logiquement à la destruction du trône.

Dès lors la révolution ne marche plus : elle déborde comme un fleuve sans digues et sans rives ; elle roule impétueuse et emporte tout. Et pour qu'un coup mortel soit porté aux institutions, pour que le souvenir s'en efface, pour que rien ne leur survive, les confiscations, la guillotine, les noyades, le régicide, la promiscuité deviennent aux mains de la république les moyens pratiques de mettre en honneur la déclaration des droits de l'homme et la constitution civile du clergé. Enfin, quand la lassitude saisit les bourreaux, et qu'on fait halte, en plein régime de Terreur, rien n'est plus debout, tout est à terre, ou dispersé dans le chaos et les forces éparses de la réaction ne peuvent même plus se rejoindre. Dieu n'habite plus ses temples déshonorés : la solitude seule venge ses autels des outrages commis au nom de la liberté ; son sanctuaire est dans la chaumière, sous la garde fidèle de quelques âmes, que les défaillances n'ont point atteintes.

La révolution est triomphante, et elle n'est pas satisfaite : elle a tout détruit, elle n'a rien fondé, et la détresse universelle crie vengeance. Elle contemple son œuvre, enveloppée dans une guenille de sang et d'opprobre, exaspérée par ses propres succès et par les résistances vaincues. Alors elle se révolte contre elle-même, s'indigne de sa propre impuissance et, comme Judas, elle se suicide, en jetant à la France une malédiction, à Dieu un dernier blasphème, espérant du moins avoir à jamais dissous les liens de l'association monarchique et chrétienne.

Encore un mot sur la révolution, son origine, ses conséquences, sa place dans l'ordre providentiel, auquel l'esprit de soumission doit nécessairement rattacher les épisodes de la vie des peuples. Il faut le reconnaître et le redire, avec une religieuse sincérité, lorsque la crise, préparée par l'invasion des doctrines nouvelles, sembla devoir se résoudre en réformes respectivement consenties, la société s'affaissait sur elle-même et tombait en décomposition ; l'essence de l'esprit chrétien, qui réside dans la pureté des mœurs, dans la charité, dans le sacrifice, ne vivifiait plus aucune de nos institutions ; la corruption était publique, effrontée ; les courtisanes, devenues des puissances accréditées, avaient asservi et dégradé l'exercice de la souveraineté ; le clergé lui-même mêlé aux intrigues, sollicité par des préoccupations temporelles, n'était plus à Dieu sans partage : trop de vocations déterminées par la naissance, ou par la recherche des bénéfices avaient été pour le corps sacerdotal une cause d'abaissement, et il ne pouvait s'en relever que par la pratique du désintéressement et du dépouillement, l'amour exclusif de Dieu et des âmes. Si donc la réforme, qui avait son principe dans un mouvement légitime, au lieu de subir la pression de toute une pléiade de sectaires, eût été dominée par l'ascendant des idées chrétiennes, elle eût pu être une œuvre de régénération ; la Providence l'eût bénie. Il n'en fut pas ainsi, parce que la France dût obéir à une loi d'ordre universel : elle penchait trop sensiblement vers le mal, pour retrouver son équilibre rompu : le vertige de l'abîme l'attirait, son âme appartenait à l'idole qui avait empoisonné sa chair, et toutes ses forces énervées étaient en la puissance de l'ennemi. Ne nous étonnons pas de sa chute : l'expérience et l'histoire sont d'accord pour nous convaincre que les réactions qui sauvent, ne sont jamais indépendantes d'une douleur ou d'une cruelle épreuve ; nul ne se convertit dans la prospérité : la lumière ne jaillit de l'égarement et des ténèbres que par de terribles démonstrations. Les peuples, aussi bien que les individus, ne comprennent que les dures leçons de la flagellation, parce que la flagellation seule humilie l'orgueil et les présomptions, et fait apparaître, dans une irrémissible expiation, la justice et là volonté du Seigneur outragé.

Fallait-il cependant, nous dira-t-on, que le mal fût sans mesure, que tant de victimes innocentes fussent immolées par tant de coupables ? Les mystères de la justice divine sont impénétrables : bien osé serait celui qui entreprendrait d'en sonder les profondeurs, et d'appliquer à ses miséricordes ou à ses colères les vues étroites de la justice humaine. Le crime est un mal que rien n'excuse, que nulle circonstance n'atténue, mais il est aussi, dans l'ensemble du plan providentiel, un instrument et un enseignement ; Satan lui-même rend gloire à Dieu, car ses triomphes ne font que passer, et soulèvent des élans de repentir et d'adoration, qui sont le châtiment de ses victoires, des joies nouvelles pour le ciel, et la résurrection des nations.

Disons donc, avec une simplicité soumise, qui puisse aujourd'hui encore ajouter quelque chose au mérite de l'expiation : le châtiment marque le juste niveau du crime, mais quand un peuple survit aux catastrophes, c'est que son repentir est digne de pitié, et qu'une miséricorde infinie lui réserve des jours de grandeur et de paix.

VII

La révolution dans sa persévérance.

Nul ne peut s'imaginer que la révolution ait péri, le jour où elle tourna contre elle-même le glaive destiné aux persécutés : multiple dans ses formes, variée dans ses moyens, indestructible, comme ces reptiles dont les tronçons retrouvent la plénitude de la vie, elle est cet esprit diabolique qui trouble le monde, conspire sans cesse contre l'ordre chrétien, et s'acharne contre la France, avec son éternel mot d'ordre : *guerre à Dieu.* Elle a sa place et son rôle dans ces 80 années de vicissitudes, qui nous séparent de la Terreur, tour à tour autoritaire jusqu'au césarisme, libérale par hypocrisie, anarchique par tempérament, tantôt parée d'une couronne et drapée dans la pourpre, tantôt hideuse dans les plis de son drapeau rouge, et grimaçante sous le bonnet phrygien. Qu'ont-ils été en effet ces pouvoirs si divers qui, faisant abstraction des lois de Dieu, n'ont compté que sur leurs propres forces, pour fonder un régime durable, respecté et prospère ? Ils ont appelé la révolution à leur aide, ils ont follement entrepris de la discipliner, de la transformer, de lui adapter des institutions régulières ; puis une heure est venue, où sous l'action d'une décomposition persévérante, le corps social s'est dissous dans la révolte et l'anarchie, maudissant l'aventure, et se résignant, au prix d'une catastrophe, à l'expérience d'un régime nouveau.

Le respect des opinions ne nous empêchera pas de dire que la politique des deux empires emprunta à la révolution de nom-

breuses pratiques, que, perfide envers l'Eglise, elle n'accorda à
la religion que le quantum jugé nécessaire pour la satisfaction
extérieure et l'assoupissement des catholiques, qu'enfin son sys-
tème de compression, entrecoupé de diversions lointaines et
d'entreprises chimériques n'eut absolument rien de commun avec
les immortels principes de la morale chrétienne. Quant à la Restauration, le mot vrai est qu'elle ne sut pas : dominée par cet esprit de formalisme qui révolte et ne convertit pas, elle s'imagina,
à tort, qu'il suffisait d'exemples publics et de pratiques impo-
sées pour ressaisir l'âme de la nation et l'arracher à la puissance
de la secte; plus tard faible et condescendante à l'excès, sans
armes contre l'omnipotence parlementaire, comme Louis XVI,
elle rendit la place, ne la défendant que par sa grandeur, et ce
fut encore la révolution qui l'occupa, sous la menteuse appa-
rence d'une monarchie, dont tous les ressorts appartenaient
encore à l'esprit de révolte. Dix-huit ans après, la révolution
soulevait encore contre son œuvre le flot populaire qui l'avait
édifiée ; l'anarchie triomphait et préparait le retour du césarisme, dernier terme du cercle vicieux tracé par la démagogie.

Le présent échappe à nos jugements; bientôt la France saura
cependant si les dévoûments les plus parfaits, si l'abnégation la
moins contestée suffisent pour répondre aux traditions de sa
fortune, de son génie et de sa vocation, si en un mot des spécu-
lations téméraires sont de force à suppléer sa constitution providentielle.

Ce rapide examen de l'action politique de la révolution suffit
à établir la prépondérance fatale exercée par elle sur nos destinées : il en résulte qu'elle dure encore et qu'elle ne se dessaisit
pas de sa proie, proie d'autant plus précieuse que la foi la défend
pied à pied et qu'elle abonde en grâces ineffables. Nous le prou-
verons mieux, en mettant au jour le travail latent qu'elle poursuit sans relâche, et les procédés appliqués par elle à la désor-
ganisation de la société : c'est de l'enrôlement révolutionnaire
qu'il s'agit, et de la propagande des sectaires. Nous n'affirmerons
jamais trop que le trouble social, qui met périodiquement en
péril l'existence même de la patrie, est le fait de la révolution,
c'est-à-dire de l'absence de Dieu dans les gouvernements et
dans les âmes.

VIII

La révolution et la secte.

Après avoir dessiné, à grands traits, les moyens violents et sanguinaires qui, du déicide au régicide, constituent sommairement l'action révolutionnaire, il est bon de faire connaître les modifications définitives qu'elle introduisit dans la constitution de la société française, et les institutions qu'elle substitua aux lois fondamentales de l'ancien régime : définir exactement le terrain sur lequel nous sommes placés, c'est en découvrir la mobilité, et faire ressortir, en même temps, le parti que l'esprit chrétien doit en tirer, les réformes qu'il comporte, la rénovation qu'il attend.

A la place de la monarchie absolue, édictant les lois sous le contrôle des parlements, mise en rapport avec la nation par une hiérarchie sociale, dont la tradition avait formé les liens, nous n'avons plus à édifier, par hypothèse, qu'une monarchie tempérée, assujettie à un pacte constitutionnel ; elle résumera en elle la puissance exécutive, à l'exclusion de toute attribution législative.

Les États Généraux ont cessé d'être, avec les trois ordres qui représentaient la nation envisagée dans sa plus haute expression. Le clergé, la noblesse et le tiers-état ont disparu devant l'égalité civile. S'il n'y a plus de droits et de priviléges attribués à telle ou telle fraction de la hiérarchie sociale, les charges et les devoirs corrélatifs n'obligent plus personne, ne sont une loi d'honneur pour aucun citoyen, ne sont inscrits en aucun code; on y à suppléé par des proportionnalités mathématiques et par l'impôt forcé et individuel : c'est plus simple, plus expéditif, moins dispendieux pour les susceptibilité de la conscience.

La représentation nationale est permanente: elle fait les lois. Le souverain, quel qu'il soit, les promulgue; la justice rendue tantôt au nom du peuple, tantôt au nom d'un monarque, les applique uniformément sur toute l'étendue du territoire.

Les pays d'Etats, les provinces qui, bien qu'administrés au

nom du roi, possédaient des droits coutumiers, des tribunaux propres, des franchises spéciales, ont été emportés par le grand courant de la centralisation : les départements ne les ont remplacés que comme division territoriale.

Une vie de tolérance est concédée aux congrégations inhabiles à posséder. Le clergé est pauvre : il n'est pas une puissance politique; il n'enseigne plus qu'à titre privé : il n'a de rang que dans l'Église de Dieu. L'épreuve l'a fortifié; le salut des âmes résume ses glorieuses et inamissibles prérogatives.

La noblesse s'honore par sa fidélité aux grands principes : elle garde sa place dans l'histoire; celle qu'elle occupe dans la société, est celle qu'elle mérite par ses œuvres, et à laquelle tout citoyen peut prétendre.

Le tiers-état qui n'était, à vrai dire, qu'un ordre de convention, est aussi absorbé dans la masse que l'on appelle la démocratie. Le niveau destructeur a passé sur le vieux monde condamné à ne plus reparaître : la suppression d'une religion d'État, la reconnaissance de la liberté des cultes, le droit égal des enfants à la succession paternelle, le mariage civil, les articles concordataires ne lui permettent pas de revivre.

Tel est en peu de mots le résultat pratique de la révolution, isolé du chaos et des ruines sur lesquels le premier Consul jeta les vacillantes assises de la société moderne ; il se traduit par un ensemble d'institutions, dont l'acceptation est une nécessité, que le patriotisme doit améliorer, dont l'Évangile a le droit et le devoir de s'emparer pour refaire une société chrétienne. Si nous allons en effet au fond des choses, nous devons reconnaître que les dogmes révolutionnaires ne sont rien moins qu'un travestissement impie de toutes les vérités enseignées par le Christ et sanctionnées par le Calvaire. Par quels mots a-t-on séduit les multitudes? par quels mensonges a-t-on déchaîné la férocité des appétits? par trois mots dénaturés, déviés de leur sens et de leur saine application : *liberté, égalité, fraternité.* Où donc est la liberté vraie, si ce n'est dans la conscience humaine, ne relevant que de Dieu, affranchie des passions, si ce n'est dans le droit inhérent au bien de régir et de gouverner le monde ? le mal, quelle qu'en soit la forme, est un honteux esclavage. A travers les caprices de la nature, les vicissitudes de la fortune, la diversité des aptitudes où cherchera-t-on l'égalité, si ce n'est devant la justice de Dieu, appelant l'humanité entière à la possession de l'éternité et en faisant le prix unique de toute existence remplie par la foi et la soumission?

Y a-t-il bien une autre fraternité que cette fraternité d'origine sacrée qui, sous les voiles de la création, nous fait remonter jusqu'à la paternité divine, qui se retrouve au Calvaire, dans l'adoption du Christ, et l'assentiment de Marie, qui se perpétue dans l'Eglise de Dieu, dont l'Evangile, à chaque page, fait une loi stricte et étroite, qu'elle place enfin sous la sauvegarde de la charité? Le christianisme seul connaît et pratique la charité, car lui seul a dit, par la bouche de Jésus vivant : Aimez-vous les uns les autres; tout ce que vous donnerez au plus petit des miens, en mon nom, sera donné à Dieu; et quand il mêle le cœur à tous les actes de générosité, quand il fait un égal devoir de consoler la souffrance, de tarir les larmes, de partager avec le pauvre tous les biens superflus, il n'a rien de commun avec l'égoïsme philanthropique, qui, excluant la peine et l'affection, se complait dans une vaine ostentation, et ne rapproche les hommes que pour éloigner les âmes.

Voilà certes des vérités que nulle contradiction ne saurait amoindrir, et qui semblent de nature à servir de base immuable à toute société humaine. Et cependant la révolution, profitant d'une heure propice, avait, à l'aide du renversement de ces principes, soulevé la France et fait trembler l'Europe. La liberté dans ses mains n'avait été que le droit de tout faire, sous le seul contrôle d'une volonté sans frein et sans loi; l'égalité, elle l'avait représentée comme la domination du peuple sur toute hiérarchie sociale; la fraternité, elle ne l'avait trouvée que dans le plein assouvissement de toute passion brutale, et de ces enseignements comme de ces crimes était issue une société, sans lien, sans cohésion, insensible à tout, sauf aux cris de guerre, où chaque individu se prenait pour un affranchi, où le souffle de la haine n'était retenu que par les périls de la patrie.

Si alors, au lieu de livrer à un César toutes les puissances de la réaction, de compter sur un homme pour obtenir l'ordre matériel et la sécurité des intérêts, les victimes dépouillées, accablées par le malheur, devenues sacrées par la persécution et par l'outrage, eussent eu la force de se relever, la croix à la main, et le baiser aux lèvres, si un pardon sublime, parce qu'il eût été

chrétien, eût été prononcé par un pouvoir franchement répara-
teur, la révolution eût été frappée au cœur, et la France reprenant ce qu'il y avait eu de vrai et de sincère dans les origines du
mouvement libéral, fût parvenue, sans doute, à se soustraire à
ces secousses, à ces oscillations calamiteuses, dont la série n'est
pas épuisée. Ne récriminons pas, ne reprochons à personne ce
qui a manqué aux jours que nul ne peut ressaisir ; sachons
seulement nous faire une parfaite intelligence de tous les phé-
nomènes moraux, qui sont autant de signes de justice et de miséricorde, et puisque les forces chrétiennes, trop déprimées,
trop éparses pour se rejoindre et se réunir, ont laissé la révolution multiplier les associations du mal, discipliner ses armées, et prendre partout l'offensive, puisque de vaillants efforts
ont échoué, par suite de détestables complicités, rendons grâce
à Dieu du rayon de lumière qu'il nous envoie, de la résolution
qu'il fait pénétrer dans nos âmes : bénissons la Providence de
nous convier aujourd'hui à l'œuvre de la régénération. Soyons
tous debout, agissons, marchons : l'avenir sera à nous, dussions-
nous le conquérir, à force de souffrances et de sacrifices.

Et d'abord quel est actuellement l'objectif de la révolution ?
Pour combattre avec succès un tel ennemi, il faut avant tout le
démasquer ; la révolution, qu'on ne se le dissimule pas, est le
mal, le mal légué au monde par la faute du premier homme, et
propagé par les démons ; d'où il suit que, jamais satisfaite, toujours à la recherche d'une destruction, elle ne règle son action
que d'après l'action inverse inspirée par Dieu et la connaissance du bien. Quand donc elle eût tiré de la philosophie du
xviiie siècle l'esprit de révolte qui devait animer ses soldats,
quand elle n'eut plus à convoiter les richesses des églises, la
prépondérance du clergé, quand elle n'eut plus à dénoncer les
priviléges d'un corps aristocratique, quand toutes les grandeurs
humaines, mises par l'Etat à la disposition de tous, eurent dis-
sipé le prétexte des rancunes, et ouvert le champ aux ambi-
tions, sans leur imposer de bien terribles épreuves, la révolution se prit à penser, et elle pensa que l'individualisme
développé par elle ne suffisait pas à son triomphe, que suivant
la loi essentielle de la constitution sociale, elle avait une doctrine
à reprendre, doctrine qui, au moyen de l'association, devien-
drait une puissance permanente, et finirait par mettre en échec

les pouvoirs qui tenteraient de la discipliner, ou mieux encore de l'utiliser.

Le programme nouveau fut donc un travail de sectaires méditant froidement des effondrements à venir, étudiant les vices et les passions en faveur, pour les flatter, les capter, les recruter, les fortifier dans un but de haine et de vengeance. Comme point de départ, il fallait nécessairement s'en prendre à Dieu et supprimer toute loi religieuse qui rattache l'homme au créateur et lui montre la providence comme l'unique arbitre de ses destinées. C'était logique, et ce fut l'affaire des sociétés secrètes que l'on popularisa sous le nom de franc-maçonnerie. Dieu disparaissant, il n'était plus de vie future, de récompense ou de peines éternelles. La mort était la fin de toute existence ; dès lors, la souffrance, la pauvreté, les privations n'étaient que des injustices, des inégalités révoltantes de la condition humaine, ou de l'organisation sociale. C'était un droit légitime de parvenir à la jouissance, et nul scrupule ne devait imposer le respect des obstacles qui empêchaient la répartition de la richesse entre les deshérités. De la guerre à Dieu, on arriva ainsi, par une pente insensible, à la guerre à la famille qui détenait des biens patrimoniaux revendiqués par la masse, à la propriété qui n'était qu'une usurpation sur les droits imprescriptibles de la communauté, au capital que l'on considérait comme une force d'oppression, dont le travail devait s'affranchir. Chacune de ces doctrines fit école, et il se trouva des philosophes qui les enseignèrent, leur donnèrent un nom et proclamèrent hautement qu'ils poursuivaient l'émancipation du prolétariat. Quand un peuple ne croit plus à rien, de tels mots empruntent au néant la puissance de la fascination, et à l'aide du groupement industriel, ils ne tardent pas à faire des armées.

Qu'on nous pardonne de le dire, à la honte de la science moderne, et du bon sens de notre époque, toutes les folies ont eu leurs beaux jours, toutes les inepties leurs croyants : on a vu, sans étonnement, les phalanstères opposer le concubinage au mariage chrétien, le naturalisme substituer aux mots sacrés de père, de mère et d'enfants, les appellations brutales de mâle, de femelle et de petits, tandis que les adeptes du socialisme et du communisme se constituaient avec audace pour anéantir le droit individuel de propriété et le transporter à l'Etat, ou à la multitude, tandis que l'Internationale, avec la tolérance des pouvoirs publics, ameutait les travailleurs contre les infamies du capital; on a écouté encore, avec une certaine faveur, un enseignement sceptique, marqué de l'estampille officielle, qui, réduisant à la valeur d'une conjecture ou d'une hypothèse, tout ce que l'addition ne démontrait pas, ou que le scalpel ne mettait pas à nu, osait prétendre que la matière seule pouvait être l'objet d'une certitude, parce que seule elle était perçue par les sens.

Et ne rougirons-nous pas, en rappelant que l'ordre des mondes, et les harmonies de l'univers furent attribués à la secrète puissance de l'atôme, que l'homme, dans une généalogie fantaisiste, trouva que son ancêtre était un singe, et qu'un jour, en vertu de la loi d'un perpétuel devenir, il pourrait bien être une autruche, que la génération spontanée fut mise en parallèle avec la consolante révélation d'une création providentielle!

Cependant nulle grandeur ne manqua à la secte. Si elle eut des chefs parmi les déclassés, elle en trouva aussi parmi les hommes que le siècle rangeait avec orgueil parmi les génies les plus illustres, parce qu'ils étaient les novateurs les plus hardis, et les révolutionnaires les plus poétiques. Chose plus triste encore, il y eut des gouvernements assez ignorants des lois nécessaires de la société, assez ennemis d'eux-mêmes, assez peu soucieux de nos plus glorieuses traditions, pour refuser aux associations chrétiennes la bienveillance qu'ils accordaient à la concentration des forces démagogiques, assez insensés enfin pour estimer que l'Etat modérerait à sa guise le mouvement, auquel il ne dédaignait pas de coopérer. Ils travaillaient à étouffer la foi catholique, parce qu'elle condamnait leur origine, ou ne cessait de faire apparaître devant leur conscience des témoins accusateurs; ils allaient jusqu'à opprimer, jusqu'à imposer silence à l'Eglise, et ils ne se doutaient pas que cette Eglise était la seule puissance capable de les préserver de la chute, parceque seule elle enseigne que tout pouvoir vient de Dieu, et que les deshérités de la terre sont les bienheureux du Ciel. Ils faisaient enfin de l'or et de la jouissance des divinités nouvelles, et après avoir surrexcité tous les appétits, leur avoir subordonné et sacrifié toutes les aspirations morales, toutes les exigences de l'âme chrétienne, ils devaient se trouver sans crédit et sans force, en face de passions inassouvies, de revendications sauvages, de fureurs décidées à vaincre, et à ne plus obéir qu'à des instincts de haine et de destruction.

La preuve de ces faiblesses, de ces compromissions, de ces entreprises éhontées est acquise à l'histoire. Leur résultante est inscrite à trois dates que nul n'a le droit d'oublier. Chacune est marquée par une punition, une ruine et une tache de sang, et la dernière mesure la distance de l'invasion à la Commune, c'est-à-dire l'accumulation de toutes les hontes, de toutes les misères et de tous les crimes.

C'est à cette heure que le catholicisme rentre en scène, avec la plénitude de la foi, l'unité de la doctrine, les ardeurs de la charité, et la volonté d'obtenir gain de cause dans la lutte suprême qui retient l'Europe dans le trouble, la France dans l'anxiété, et l'Eglise dans la souffrance.

Pour la première fois depuis un siècle entier, il existe une armée chrétienne, rangée en bataille et toujours prête à combattre ; elle a des chefs qui, sans être les oints du Seigneur, n'en sont pas moins les fils de Pie IX, et ils jettent ce défi à la révolution : désormais la France sera à Dieu, *volumus illum regnare.* Ce que la révolution a fait par l'association du mal et par le mensonge, nous le détruirons par l'association du bien et par la vérité, car nous tenons, d'une expérience maintes fois renouvelée, que l'isolement et l'individualisme, même dans la perfection la plus avancée, ne suffisent pas plus à réjouir le ciel, qu'à édifier la terre et à soulever les nations. Le visage découvert, nous marchons droit à l'ennemi ; nous le rencontrons partout où l'Eglise le nomme et le révèle, peu importe qu'il soit la secte qui corrompt le peuple, et lui apprend à se passer de Dieu, le doctrinarisme qui l'égare, le libéralisme qui entretient ses illusions. A quel titre serions-nous suspects ? Nous revendiquons simplement le profit de la liberté et les immunités légales de l'égalité. Nous cherchons l'union des âmes dans une foi commune, dans la crainte du Seigneur et dans les espérances de la béatitude : la fraternité que nous enseignons n'est pas une formule philosophique ; elle vit, elle est manifeste dans la charité chrétienne. La Providence nous a appelés et choisis pour être ses messagers au milieu du peuple, et la gloire que nous poursuivons est celle de Dieu.

Nous ne sommes pas le nombre aujourd'hui, nous le deviendrons, car notre puissance ne réside que dans l'humilité et la soumission. Le Sacré-Cœur nous a été rendu, comme par miracle, pour ouvrir à l'humanité un trésor de grâce et d'amour. Une inspiration étrangère à toute intervention profane a placé la croix entre nos mains, pour que le signe du salut du monde reparaisse comme le signe imprescriptible de toute victoire, et de toute consolation. Marie s'est transfigurée, pour nous rappeler avec la scène du Calvaire, sa mission d'avocate et de médiatrice. Nous avons couronné son front auguste, stupéfié la révolution, en saluant en tout lieu la véritable reine de la France, et le peuple entier a été ému, au spectacle de ces foules réunies pour implorer, plus confiantes dans un rosaire que dans les habiletés de la politique. Ce n'est pas assez ; car tout tremble et tout frémit. La révolution n'a pas abdiqué; son travail souterrain mine les assises du nouvel édifice ; elle rassemble ses forces et se prépare à les jeter une fois encore contre les murailles protectrices élevées péniblement par les efforts de la foi et de la charité. Plus loin, mais sur nos frontières semblables à un vaisseau désemparé, la révolution est encore à l'œuvre : à cette place, elle n'est pas masquée, elle s'appelle nettement la persécution ; notre fidélité l'étonne, nos dévoûments la révoltent... Et au milieu de tant de périls, nul n'a le pouvoir de deviner quel nom portera la légion insurgée, quel démon redira le sinistre cri de guerre : *A bas Jésus !*

Vienne le combat, nous serons à nos rangs, décidés à vaincre ou à mourir ; s'il faut notre sang, nous le donnerons, et Dieu seul en fera le prix. L'étendard du Sacré-Cœur aura aussi ses légions, et pour que le noble sang qui l'a teint sur le champ immortel de Patay, et qui ne fut alors qu'un sacrifice d'expiation, appelle sur les zouaves du Christ les bénédictions et la victoire, c'est avec l'épée de l'archange saint Michel que nous livrerons la bataille. La saisir est notre but, la mériter sera notre œuvre, pensée nouvelle, dévotion rénaissante, inspiration féconde à laquelle une dernière page sera réservée.

IX

L'Archange Saint Michel et la Victoire.

Ce n'est point à la terre, c'est aux échos du ciel que nous nous adressons pour apprendre l'origine de la gloire et de la vocation de l'archange saint Michel. Une tradition qui ne saurait tromper, nous la donne en trois mots plus éloquents que tout un discours : *Quis ut Deus!* qui est comme Dieu!! parole qu'il faut retenir et méditer, car elle est, à elle seule, la condamnation de la révolution et la reconnaissance de la toute-puissance du Dieu éternel. Le jour, en effet, où le Seigneur révéla à la création angélique le Verbe engendré dans son amour et destiné au salut du monde, où il exigea pour son Christ les adorations de la cour céleste, il se trouva des rebelles qui refusèrent les hommages de leur soumission, et prétendirent s'élever au-dessus du trône que, dans le mystère impénétrable de la sainte Trinité, le Verbe fait chair devait occuper. Lucifer fit entendre le cri de la révolte, auquel l'archange saint Michel répondit par le cri de la fidélité : *quis ut Deus!* qui est comme Dieu! c'est-à-dire que sommes-nous en face du Très-Haut! C'est de lui seul que nous tenons l'être. A lui donc appartiennent et de lui dépendent toutes les puissances de nos facultés; n'est-ce pas pour sa louange et pour sa gloire que le Seigneur a fait de ses anges l'image de lui-même la plus parfaite et la plus comblée?

Si l'orgueil demeura inflexible, au point de pervertir à jamais les esprits dociles à la voix de Lucifer, saint Michel combattit vaillamment pour le triomphe de la vérité, qu'il ne voyait qu'en Dieu seul. Autour de lui se groupèrent des phalanges d'adorateurs, et quand la lutte eut servi à faire éclater les ardeurs de la fidélité, le prix de la victoire fut l'expulsion des prévaricateurs, la paix éternelle des cieux, et la perpétuité d'une mission qui devait préposer les bons anges à la garde et à la défense de la création humaine; dans cette hiérarchie fortifiée par l'épreuve et pour toujours préservée de toute défaillance, saint Michel restait au premier rang et prenait le titre mérité de prince des milices célestes.

Lors donc que la terre fut sortie des mains de Dieu, et que l'homme, créature libre et intelligente, en eut été fait le maître et le possesseur viager, il y avait à côté de lui un ange gardien et un ange de ténèbres, un de ces révoltés qui n'étaient plus que des démons et qui, toujours puissants, toujours esprits, ne pouvaient manquer de tourner contre la terre la.rage de révolte qui leur avait valu la damnation. Ainsi le génie de la révolution s'introduisit dans le monde nouveau, dès le premier jour de son existence ; il y était attiré par l'être pensant et aimant, corps et âme à la fois, seconde image de Dieu, créé pour l'adorer et le servir et destiné à l'épreuve, aussi bien que l'avait été la création angélique. La tentation ne se fit pas attendre, et la chute de l'homme, en étant la victoire de Satan, eut pour effet d'imprimer à l'humanité tout entière une tache indélibile et héréditaire qui la rendait passible de la damnation, et lui fermait les cieux, jusqu'au jour où ils seraient rouverts par les mystères de l'incarnation et de la rédemption ; elle livrait encore le monde, jusqu'à la fin des temps, à une puissance diabolique qui ne cesserait de s'attacher à la corruption des âmes, de les éloigner de Dieu, et de faire de l'éternelle béatitude le prix d'une lutte incessante, et du pénible triomphe des volontés toujours assiégées.

L'ennemi, que l'archange saint Michel avait terrassé au ciel, est donc devenu, par la dégradation du premier homme et la solidarité des générations, l'esprit du mal qui nous entoure, qui nous attire vers les enfers, quand il s'attaque à l'individu, qui engendre la révolution, quand il médite et poursuit la destruction de l'ordre social, et saisit les nations défaillantes du vertige de la perversité.

De là résultent la perpétuité de la vocation de l'archange saint Michel, et l'obligation pour un peuple qui croit de l'honorer d'un culte particulier ; il ne cesse de combattre à nos côtés, quand nos prières le sollicitent ; mais il nous délaisse et nous abandonne aux périlleuses entreprises de la révolution, quand les présomptions d'un fol orgueil nous laissent seul à seul en face de nos propres débilités.

Sans remonter jusqu'au tems de la synagogue où le peuple juif, gardien de la tradition révélée, rendait au prince des milices du ciel des hommages de reconnaissance, et l'appelait à défendre sa double unité religieuse et nationale, sans parler de saint Michel, protecteur de la sainte famille et consolateur de l'agonie de Jésus, il nous plaît d'interroger l'histoire de la France, et d'y chercher les signes manifestes d'une piété toujours récompensée et d'une miraculeuse intervention. Le peuple dont on a pu dire : *gesta Dei per Francos*, le royaume qui passait pour le plus beau après celui du Ciel, la France, fille aînée de l'Eglise, ne sont-ils pas en effet les héritiers et les continuateurs de la tradition hébraïque et ne portent-ils pas ensemble le sceau d'une véritable prédestination ? Nous l'avons déjà dit et nous le répétons avec un religieux patriotisme : la mission de la France, nouveau peuple de Dieu, sous la loi nouvelle, ne laisse aucun doute à l'esprit sérieux et attentif qui la suit, pas à pas, depuis Clovis jusqu'à l'époque contemporaine : jamais indifférente, toujours ardente et passionnée, tour à tour enthousiaste du beau et du bien, puis éprise du crime et de sa laideur, elle se dégrade et se relève, mais aux heures de sa fortune et de sa gloire, elle est, comme saint Michel, la droite de Dieu, chargée de châtier la révolte et de faire rayonner sur le monde les grâces et les lumières de la civilisation chrétienne.

Aussi, par une association pleine de charme et de simplicité, chacune de ses meilleures étapes, dans la longue suite des siècles, garde-t-elle le souvenir d'une invocation à saint Michel, d'une apparition, d'un secours surnaturel, d'un trait qui confond l'incrédulité, et ne permet jamais à l'âme attristée de rester sans espérance. « Ce grand archange, a dit M. de Maistre, est « comme l'âme du peuple français, et le peuple français est « comme une incarnation vivante de ce grand archange. »

Lorsque Charles Martel écrase les barbares, qui ont projeté l'anéantissement du nom chrétien, la France s'est agenouillée, pour appeler à son aide la protection du héros céleste : bientôt les proportions de la victoire sont telles et suivies d'une si éclatante déroute des légions mauresques, que, dans les élans de sa reconnaissance, elle lui confère le titre de souverain et de protecteur des Gaules (*patronus et princeps imperii Galliarum*, et que ses étendards en prennent le nom et l'image.

Cet acte solennel est accompli par Charlemagne, et nul ne semble pouvoir mettre en question ce qu'il valut de gloire et de grandeur au règne duquel il faut bien faire dater l'ère véritable de la monarchie française. Fier de s'appeler le roi très-chrétien, Charlemagne fait en personne le pèlerinage du Mont-Saint-Michel ; la pauvre chapelle du Mont Tombe reçoit ses hommages et ses serments, et dès lors elle ne cesse d'être le monument national, où la patrie va prier aux heures de détresse, entretenir sa foi, chercher le triomphe des saintes causes. Et n'était-ce pas encore un signe sensible de la vocation de saint Michel et de ses prédilections pour la France que cette collégiale naissante, se dressant au milieu des flots, sur un roc escarpé, dominant tous les horizons, comme pour appeler dans son sanctuaire les générations qui devaient attacher sur elle un regard d'inquiétude et d'effroi ?

Tout est providentiel dans cette origine : elle est inséparable de la renommée d'un saint. L'honneur en revient à un triple miracle : trois fois en effet saint Aubert, évêque d'Avranches avait été visité par une mystérieuse apparition de l'archange saint Michel, et comme dans son excès d'humilité, il ne pouvait croire ni à la réalité de sa vision, ni à l'ordre d'ériger un monument sur le rocher du Mont Tombe, il arriva que l'image prenant, à la dernière épreuve, le ton du reproche, manifesta sa volonté par une pression sensible, et en laissa une trace profonde à la tête du saint en extase. Dès lors, il ne pouvait douter et se relevant au cri de : *Quis ut Deus*, il alla droit au lieu, où, à travers des prodiges toujours nouveaux, des miracles sans cesse renaissants, il désigna la pierre sur laquelle devait être édifié l'oratoire. C'est là qu'après son couronnement nous retrouvons Charlemagne : il est à genoux, il fait de son cœur le tabernacle du Saint des saints et lui rapporte humblement toutes les gloires, qui sont ou vont être le précieux patrimoine de la monarchie française. Quelles sont belles et consolantes les pieuses traditions qui entourent ces premiers siècles de notre histoire ! Si les légendes y mêlent quelque chose de fantastique, la vérité les domine de toute sa hauteur. Vous qui prétendez ne croire qu'aux réalités offertes à vos yeux, allez donc visiter le chef de saint Aubert, et devant cette précieuse relique marquée encore du doigt de saint-Michel, vous apprendrez, sans doute, ce que vaut la protection de l'archange que vous avez oublié, peut-être méprisé. Après cela, veuillez nous suivre encore et, l'histoire en main, nous vous montrerons, à travers le moyen âge et les temps modernes, l'association de saint Michel et de la France. Nous arriverons ainsi à l'heure fatale de la rupture consommée par la révolution, et après avoir jeté un regard sur la triste période de la détresse et de l'abandon, nous vous laisserons émus en face des ardeurs du réveil et des perspectives d'un horizon lumineux.

D'abord le mont Saint-Michel n'est qu'un modeste hermitage, où les pèlerins se donnent rendez-vous, où les persécutés cherchent un asile, où ils parviennent à se retrancher pour se soustraire aux attaques des Normands ; mais quand ceux-ci deviennent les dominateurs de la Neustrie, ils finissent par être touchés par la grâce et l'abjuration du paganisme les conduit eux-mêmes aux pieds de saint Michel ; la collégiale leur doit ses premières richesses et même, dit un chroniqueur, « ils « n'eurent après Dieu et la Vierge oncques plus cher patron. »

A cette époque, une ère nouvelle commence pour le mont Saint-Michel, avec la possession des bénédictins. Les moines sont accrédités par le Saint-Siége : les droits qui leur sont conférés *ex auctoritate Michaelis* en font les dispensateurs des plus précieuses indulgences : ils entrent en relation avec le monde savant, et jusque dans leur solitude pénètrent les symptômes du mouvement littéraire et scientifique qui déjà annonce à la France les heureux jours de la Renaissance. En même temps les ducs de Normandie et de Bretagne, jaloux de récompenser l'édifiante propagande des bénédictins et d'appeler sur leurs armes la protection du grand archange, comblent le monastère de leurs dons, étendent la juridiction des abbés, et préparent l'érection d'un monument qui devait être l'œuvre de la succession et de la persévérance des siècles. A ce moment saint Michel apparaît comme au milieu d'une gloire radieuse ; il ne refuse rien à la prière fervente qui élève vers son trône les hommages de la terre : il ne dédaigne pas de se faire l'allié de Guillaume partant pour la conquête de l'Angleterre, et son étendard porté fièrement par Robert de Mortain est, au plus fort de la bataille, un signe de si puissant ralliement que Robert, après la victoire, en retrace ainsi le reconnaissant souvenir : « Moi, comte de Mortain, « par la grâce de Dieu, fais savoir à tous les enfants de la Sainte « Église, notre mère, que je portais pendant la guerre l'étendard « de saint Michel. »

Si nous avions la curiosité de parcourir chaque page des annales du mont Saint-Michel, nous pourrions sans peine en déduire la preuve d'une constante et étroite solidarité, entre la fortune de la France, la vénération du grand archange et les vicissitudes du sanctuaire choisi pour être à la fois le temple de sa gloire, et sa demeure de prédilection : chose étrange, mais toute providentielle, l'épreuve, la lutte, le combat, l'anéantissement, le relèvement se tiennent et s'enchaînent merveilleusement, de façon à rendre manifestes l'origine de la vocation et la réalité de la mission. Le monastère n'est pas seulement un centre de vie religieuse et d'enseignement spirituel ; il prend l'aspect d'une forteresse et une vie d'action s'y développe, féconde, énergique, fortifiante pour les guerriers qui apprennent comment le glaive peut à certaines heures évoquer le droit à la victoire : et quand, à la suite de cet affaiblissement inhérent à tout chose humaine, la discipline se relâche et compromet l'avenir, il ne faut voir dans les foudres du ciel éclatant et consommant la ruine, qu'un signe de faveur et de protection. Pourquoi, en effet, sort-il de chaque ruine un sanctuaire plus large, plus majestueux, plus vénéré ? pourquoi la destruction ne se lasse-t-elle, qu'après avoir pour ainsi dire épuisé toutes les ressources du génie, toutes les puissances de la foi incarnées dans l'art chrétien ? C'est qu'il faut à l'archange invincible un temple tel qu'il défie les plus redoutables assauts, que les injures du temps ne puissent l'atteindre, que la révolution soit obligée de le respecter, que sa perfection même le protége contre toutes les entreprises de la perversité, qu'il garde enfin, jusqu'à la consommation des siècles sa place dans les souvenirs des hommes et dans les fastes de l'histoire. Le mont Saint-Michel est debout avec son indestructible couronne, pour nous rappeler les pèlerinages de nos rois : de Philippe Auguste après le triomphe de Bouvines, de saint Louis implorant le succès des croisades, de Bertrand Duguesclin faisant bénir par l'archange la loyale épée dont l'Anglais devait bientôt apprendre la valeur et l'intrépidité : il est debout, pour nous entretenir des prodiges que nous ignorons, ou que nous avons oubliés, et dont la tradition n'est interrompue que parce que nous ne savons plus qu'il est un Dieu des armées.

Retournons au xve siècle, nous y trouverons une page que la morgue hautaine du xixe pourra étudier avec profit. A la mort de Charles VI, qui n'avait pas manqué de placer sa couronne sous la protection de saint Michel, Henri V, vainqueur à Azincourt, se trouvait maître des trois quarts de la France : le dauphin Charles VII, entouré de la cour, demeurait timidement en Bourgogne, pendant que Paris saluait un nouveau souverain, et il semblait déjà que la monarchie ne dût pas se relever d'une ruine, que les discordes avaient préparée, et que nulle énergie ne paraissait vouloir conjurer. Cependant, sur les côtes de la Normandie occupée par l'armée anglaise, tenait un seul point défendu par l'héroïsme de 119 chevaliers, et protégé contre l'investissement par les intermittences des flots. C'était la forteresse où régnait l'archange saint Michel; mais après une résistance opiniâtre, la lutte avait repris une nouvelle fureur, et fort de son nombre et de ses succès, l'ennemi, dans sa superbe insolence, prétendait n'accorder ni trêve ni merci, immoler la garnison et fouler aux pieds le blanc étendard qui, faisant faisceau avec la bannière de saint Michel, défiait seul le lion britannique.

La place est sommée de se rendre, sous la menace du canon et d'une armée de vingt mille hommes impatients de livrer l'assaut : « prenez garde, répond un vieux moine, on ne s'attaque pas en « vain à Monseigneur saint Michel, » et la lutte s'engage terrible, soutenue d'un côté par une rage insensée, de l'autre, par une confiance inaltérable : en huit jours deux assauts sont repoussés par une valeur qui étonne et confond toutes les notions de la force et du nombre ; bien plus, une sortie vigoureuse laisse le champ de bataille aux chevaliers de saint Michel et à cette heure la Providence soulève un flot vengeur, qui met le comble au triomphe et ensevelit l'ennemi dans les abîmes.

A peu près en même temps, sur les bords de la Meuse, une enfant pieuse, une simple bergère, qui gardera le nom de vierge de Domrémy, Jeanne d'Arc, que bientôt nous appellerons la Sainte, était visitée par des apparitions de saint Michel. D'abord il encourage sa vertu, sa pureté, sa fidélité au Seigneur, puis, quand il la juge assez forte pour accomplir sa mission, il revient, se présente à elle sans couronne, mais avec des ailes d'ange, et lui dit ces mots d'une voix forte : « Lève-toi et va au secours « du roi de France ; tu lui rendras son royaume, » et comme elle hésite encore, il ajoute : « Tu iras trouver messire de Bau- « dricourt, capitaine de Vaucouleurs, et il te donnera des « gens, que tu conduiras au dauphin. »

Jeanne obéit, l'incrédulité l'accueille, la cour la traite avec dédain ; c'est à force de supplications qu'elle obtient d'être présentée au roi, mais alors le miracle se renouvelle et dessille les yeux jusque-là fermés à la lumière ; comment, en effet, la bergère de Domrémy a-t-elle pu reconnaître l'héritier de la couronne, dissimulé au milieu de la foule des seigneurs par la simplicité de son costume ? Par une apparition de l'archange qui lui désigne Charles VII, si bien qu'allant droit à lui, elle le salue en ces termes : « C'est vous qui êtes le roi et pas un autre. »

Nous n'avons pas à suivre le drapeau de la France dans sa marche toujours victorieuse ; chacun connaît l'histoire, ce que l'on ignore c'est l'action providentielle exercée sur les faits qu'elle enregistre, et qu'elle rétrécit le plus souvent. On sait que Jeanne d'Arc délivra Orléans, que, chevauchant aux côtés du roi, elle alla le faire sacrer à Reims, que, toujours au premier rang des combattants, elle ne cessa de fortifier les courages, et qu'elle ne fut victime de la trahison qu'après avoir assuré la restauration du trône ; mais sait-on de même que Dieu seul avait suscité cet étrange réveil, que Jeanne est un ange de salut, que les étendards n'ont retrouvé les voies de la victoire qu'avec ces deux immortelles devises : « Voici que saint Michel, l'un des princes de la milice céleste est venu à mon secours. — Saint Michel est mon seul défenseur au milieu des dangers qui m'environnent. » Sait-on bien enfin que les Anglais eux-mêmes avouèrent qu'ils avaient aperçu dans les airs l'archange et son glaive étincelant, que le supplice de Jeanne fut un crime qui devait nous valoir la protection d'une sainte, et nous rapprendre, dans des jours d'épreuve et de malheur, les glorieux mystères de notre vocation ? Il importe de dire ces choses à la France sceptique du dix-neuvième siècle, en attendant que les arrêts du Vatican viennent confirmer les audaces de notre piété et nos patriotiques espérances.

L'heureuse issue de la guerre de cent ans ne contribua pas peu à populariser la dévotion de saint Michel ; des foules énormes accouraient au Mont, franchissant à pied les plus grandes distances, véritables pèlerins que l'on reconnaissait partout à leur simple bâton, à la gourde légendaire, et qui se fussent révoltés à l'idée d'alléger autrement les peines et les fatigues de la route. Soit par piété, soit par superstition, Louis XI accomplit aussi le pèlerinage du mont Saint-Michel ; il y établit même un ordre de chevalerie, dont les membres, au nombre de vingt-six, portaient un collier, avec l'image de l'archange et cette fière devise : *immensi tremor Oceani.* Mais si, à partir de cette époque, l'édifice de pierre parvint promptement à un parfait achèvement, si la chevalerie acquit une grande renommée et compta dans ses rangs tous les rois de l'Europe, la suprématie de l'ordre religieux eut à en souffrir : elle finit bientôt par disparaître, quand, malgré les protestations des bénédictins, le roi de France fit agréer la nomination comme abbé de J. le Veneur, évêque de Lisieux et cardinal de l'église romaine.

Cependant le mont Saint-Michel s'illustra encore, et, comme par le passé, il demeura la forteresse au pied de laquelle vint se briser et échouer un nouvel assaut de la révolution ; il fut livré par les huguenots révoltés contre l'unité catholique, et la trahison les eût fait les maîtres de la place, si un héros, dont nous retrouvons le nom, comme une consolation, au milieu des défaillances contemporaines, si Louis de la Moricière n'eût, par sa valeur, repoussé l'intrus qui se flattait déjà de faire du mont le rempart de l'hérésie. Ainsi la Réforme, pas plus que l'Angleterre ne sut mettre la main sur ce sommet béni, dont une foi irrésistible et des faveurs inouïes avaient fait le trône du héros du ciel.

Ici approche, il faut bien l'avouer, la fin des fastes du mont Saint-Michel; un grand règne va venir et qui oserait dire que l'archange n'appela pas sur lui les bénédictions qui l'inondèrent! Il en est beaucoup qui ne croient pas aux interventions surnaturelles, qui ne cherchent que dans la fatalité l'explication de toutes les gloires, qui refusent d'imposer à leur intelligence l'étude et la connaissance de toute cause première : pour eux le siècle de Louis XIV est une période heureuse, la révolution, une catastrophe inévitable. Nous ne sommes pas de ceux-là, et nous convions tout homme sérieux et chrétien à méditer et à placer au frontispice de ces prospérités la sublime prière qu'Anne d'Autriche adressait à l'archange, lorsque tous les périls réunis menaçaient les débuts de la régence :

« Glorieux saint Michel, prince de la milice du ciel et général
« des armées de Dieu, je vous reconnais tout-puissant par lui
« sur les royaumes et les États. Je me soumets à vous avec ma
« cour, mon État et ma famille, afin de vivre sous votre sainte
« protection, et je me renouvelle, autant qu'il est en moi, dans
« la piété de tous mes prédécesseurs, qui vous ont toujours
« regardé comme leur défenseur particulier. Donc, par l'amour

« que vous avez pour cet État, assujettissez-le tout à Dieu et à
« ceux qui le représentent.

« Grand Saint, qui avez réprimé la superbe des impies, les
« avez bannis du ciel en y faisant régner une paix très-profonde,
« produisez ces mêmes effets dans ce royaume. Faites qu'il
« plaise à Dieu, après tous les troubles apaisés, de voir régner
« en paix Jésus-Christ, son cher Fils, dans l'Église : désirant de
« ma part contribuer à le faire régner, soit par tous les exem-
« ples de piété et de religion que je pourrai donner en ma propre
« personne, soit par les autres voies sur lesquelles vous me
« ferez la grâce de m'éclairer. » Après cela, nous disons, avec
une entière simplicité, que saint Michel fut l'ange de la France,
aussi longtemps que dura le grand siècle, et nous demandons à
Dieu ce que notre fortune eût bien pu être, si la voix écoutée de
Marguerite-Marie eût fait entendre que le Sacré-Cœur était
ouvert pour achever de pardonner et de bénir, et perpétuer
les rayonnements de la gloire.

Huit siècles ont passé depuis le jour où saint Aubert, conduit
par une mystérieuse apparition, a choisi la première assise du
sanctuaire : le *quis ut Deus* de l'archange a retenti dans l'âme
de la France, l'a saisie et comme transformée ; et par un élan si-
multané l'oratoire s'est élevé sur le roc inaccesible, pour être
le signe sensible de la dévotion à saint Michel, tandis que la
patrie, recueillant toutes ses forces éparses, se constituait sur
une base chrétienne, triomphait des barbares et proclamait
hautement la puissance de l'intervention surnaturelle. — L'association contractée est devenue une alliance indissoluble, si
bien que les péripéties et les épreuves n'ont cessé de la fortifier,
de la rendre plus étroite, si bien que la gloire du Mont et celle
de la France s'unissent et se confondent dans une admirable solidarité. Que la foudre éclate et détruise l'ouvrage de la main des
hommes, que les catastrophes s'accumulent pour menacer
l'existence même de la France, il survient soudain un fécond
réveil et le mouvement de piété qui réédifie le temple est en
même temps la réaction providentielle qui domine et dissipe
tous les périls. De chaque ruine naît un sanctuaire nouveau,
plus majestueux, plus digne du prince des milices célestes ; de
chaque secousse surgit une France plus belle, plus étonnante,
plus admirée du monde, plus chrétienne ; et quand le simple

oratoire de saint Aubert est arrivé à être la basilique sans pareille, où chaque siècle a inscrit son nom, où chaque grandeur est gravée sur le granit, la France aussi est à l'apogée, rayonne sur le monde, et s'illustre de telle façon que rien ne semble manquer à l'édifice de sa gloire.

Cependant la décadence morale se manifeste par des traits irrécusables : aussitôt tout chancelle, perd son religieux prestige et subit déjà les premières atteintes de la profanation. Quand viendra l'heure de la révolution, elle s'attaquera au Mont, comme à tout ce qui porte la marque du génie chrétien : une dispersion brutale fera la solitude sous les voûtes sacrées : le sang souillera les dalles du sanctuaire ; le drapeau rouge déshonorera son sommet jusque-là respecté ; l'asile de la prière deviendra une prison d'Etat et durant 80 années le mont saint Michel sera oublié, délaissé, visité par des touristes indifférents, qui passeront devant tant de souvenirs, sans leur accorder l'aumône d'une pieuse méditation. La date du 29 septembre 1820 ne provoquera même pas un réveil : la grâce qu'elle apporte ne sera pas sentie ; la source dont elle a jailli ne sera pas comprise. Cinquante années d'exil, correspondant à autant d'années de vicissitudes et de mécomptes, ne suffiront pas à éclairer la raison humaine, mais elles feront du moins *un homme* qui est prêt, *un Roi* qui redira sans cesse, avec l'autorité de son nom, de son principe et de sa foi : *Je suis la fortune de la France*. Et, après tout, qu'aura été la France durant cette longue période, qui appartient tout entière à la puissance de la révolution ? Elle aura essayé de toutes les transformations politiques et sociales, elle n'en aura gardé qu'une mémoire amère ; elle aura obtenu des triomphes surprenants par leur soudaineté, merveilleux dans leur explosion, mais au fond apparents, passagers, entachés d'un vice d'origine et destinés à la ramener bien au-dessous du point initial : elle se sera amoindrie dans la dépravation morale, elle aura toujours perdu quelque chose de sa considération et de son vieil honneur, en voulant être une société sans Dieu et un gouvernement sans foi : elle n'aura rien fondé ; après de stériles efforts et d'énervantes anarchies, elle restera désillusionnée de toutes les expériences passées, mécontente du présent, sans confiance dans l'avenir, et enfin dans un jour de suprême angoisse, elle se souviendra de saint Michel, de l'ange qui ne l'abandonna jamais, du protecteur qui ne demande qu'à combattre pour elle et avec elle.

Rendons justice à notre tems : la rénovation s'opère, et comme toute chose qui doit être durable et féconde, elle progresse dans l'épreuve et dans la lutte. La préparation date déjà de loin, car d'une résolution imprévue, inconsciente dans sa source, providentielle dans sa fin, d'une pudique révolte de l'art outragé dérive le mouvement consolant qui rattache notre époque aux traditions délaissées, à travers une interruption de dédains et d'abandon. Dès l'année 1863, une inspiration qu'il ne faut pas mettre au compte de la dévotion à saint Michel a mis un terme à la profanation. En 1864, l'autorité diocésaine a obtenu la remise du monastère, dont la captivité avait duré 52 ans. En 1865, des religieux en ont pris possession et, la même année, une cérémonie solennelle et touchante a annoncé à la France la restauration du pèlerinage national du mont Saint-Michel.

On a vu ces choses sans trop les comprendre ; elles se sont produites dans une atmosphère nuageuse, épaisse, qui ne prêtait nullement à leur expansion, mais la pierre d'attente était du moins posée, nouvelle assise de la reconstruction chrétienne. Les calamités sont venues et pour la première fois, depuis la tourmente qui avait tout emporté, un sentiment juste et vrai les a considérées comme un signe de justice et de miséricorde ; on a reconnu l'expiation : l'orgueil s'est humilié ; on a demandé grâce et pitié et des masses repentantes ont répété le cri des anciens jours : Saint Michel à notre secours !

Ce ne sont plus des touristes sceptiques, simples admirateurs de l'art, qni viennent aujourd'hui se prosterner devant la statue triomphante de l'archange et devant Notre-Dame des Anges, ce sont des hommes de foi qui prient et espèrent, ce sont ceux qui invoquent la clémence du sacré cœur, la puissance de la croix et ils demandent la victoire à l'épée flamboyante qui terrassa les démons, fit la fortune de la France et ne la trahit jamais que le jour où lui fut préféré le glaive impur de la révolution. Un pressentiment qui n'a rien d'humain fait entrevoir de redoutables échéances, où l'esprit du mal se ruera encore sur la France et tentera de l'étouffer : le nombre et la force seront contre nous, mais alors il s'agira de la défense des droits de Dieu, d'une dernière croisade contre la révolution, où chaque soldat portera sur son cœur l'emblème de toute victoire, ou les légions seront précédées par des étendards qui n'ont point connu la défaite. Cette fois la confusion du nombre marquera le dernier assaut de l'erreur et de l'apostasie, et le triomphe de la vérité apparaîtra comme le prix de l'alliance renouée avec saint Michel, et de l'assistance divine méritée par le repentir et l'humilité.

Quand donc notre saint-père Pie IX nous convie à couronner l'archange, à lui décerner l'honneur que la terre n'attribue qu'aux rois, qui manquait à son front quand il se présenta à Jeanne d'Arc, pour lui révéler sa mission, c'est que, dans sa prescience des événements, il entrevoit le rôle de saint Michel, et les faveurs qu'il tient en réserve pour l'avenir de la patrie réconciliée.

L'incrédulité a beau sourire et se draper dans ses présomptions hautaines, le couronnement fixé au 4 juillet prochain sera une fête catholique et universelle, une réparation nationale, une de ces manifestations qui relèvent les peuples, réjouissent le ciel et font présager des bénédictions et des grandeurs.

O France ! ô bien-aimée patrie, ne désespère jamais de toi-même, car tu resteras, à travers toutes tes défaillances, la grande nation chrétienne, car la Providence ne t'a remplacée par nulle autre dans le poste d'honneur que tu as lâchement déserté, car il te le garde par une bonté souveraine, pour que, rajeunie dans la foi, tu reparaisses comme la fille de prédilection, la reine du monde, la clef de voûte de l'ordre chrétien.

Viens donc, avec un diadème magnifique, implorer le pardon qui ne demande qu'à tomber sur toi ; viens humblement t'agenouiller aux pieds de l'archange, prêt à te rendre le secours de son bras, et tu te relèveras en pleine possession d'une invincible épée, et quand tes ennemis, quels qu'ils soient, oseront porter sur toi une main sacrilége, tu marcheras à la victoire, sans les compter, en leur jetant ce superbe défi de l'amour et de la foi : *Quis ut Deus !*

AMEN.

TABLE DES MATIÈRES

PARIS. — IMP. VICTOR GOUPY, RUE DE RENNES, 71.